D1726339

Alfons Alt
EFFONDREMENT DES CERTITUDES

VILLE DE CANNES I IMAGES EN MANŒUVRES ÉDITIONS

À Madeleine

Alfons Alt
EFFONDREMENT DES CERTITUDES

Á première vue et à l'épreuve de la lumière, le nu en photographie appartient à l'histoire de l'érotisme. Chez *Alfons Alt*, photographe-plasticien, c'est dans sa démarche diversifiée et alternée de sujets variés, que le nu s'improvise et représente la seule présence humaine dans une œuvre portée par le paysage imaginaire. Cette production alternative qui touche à la représentation du corps, reste profondément enfouie dans une abondante création où se sont réfugiés les multiples sujets puisés aux sources de la nature.

Le vaste répertoire d'*Alfons Alt* se constitue en partie d'images inspirées du paysage urbain, comme les sujets qui font référence aux architectures des métropoles et dont parfois l'image clame, avec mélancolie, l'austérité des grands centres urbains. Cette production émouvante, ces dernières années, s'accompagne de l'étude de paysages nostalgiques qui touche en particulier son enfance en Bavière. En revanche, c'est avec constance que son regard et son expressivité se concentrent pour fixer les multiples richesses offertes par la nature, autour de la végétation, mais aussi sur le monde animalier pour lequel il vit une passion extrême, à l'instar des hommes pour lesquels il se sent responsable du devenir de la planète. C'est au fil du temps que le photographe a su diversifier un surprenant bestiaire qui rassemble aujourd'hui les nombreuses espèces qu'il affectionne et dont la sauvegarde l'inquiète. Son aventure se projette sur les bêtes sauvages en voie de disparition, ainsi que sur les grands reptiles, les loups, les éléphants d'Afrique, et aussi sur les animaux domestiqués, comme le cochon et le cheval qu'il se risque à associer à l'homme dans ses ouvrages organisés à la manière d'un ethnologue et sous forme métaphorique. *Alfons Alt* se distingue aussi, par le regard subtil et éclairé qu'il porte sur le monde animal sous-marin, et plus encore pour le regard qu'il consacre aux sujets d'atmosphère qui libèrent une puissance créative inégalée.

Par un esprit qui sait surprendre, aux limites du surnaturel, chaque tableau dévoilé recèle une mystérieuse histoire des contrées exotiques, où la flore et la faune nous parlent des tropiques. Pour une meilleure compréhension de l'œuvre, nous devrons accepter que notre conteur-illustrateur soit un fieffé et fervent voyageur, dans le reportage.

Chez *Alfons Alt*, la représentation du corps féminin, ou portrait déshabillé, s'émancipe dans l'œuvre par une problématique d'ensemble et des séries qui s'intitulent *Corpus*. Le modèle-sujet, capté à la chambre, offre un instantané conçu dans son rapport à l'environnement. Le modèle se révèle graphiquement sur le papier sensible par une technique photographique qui tire parti du hasard et d'une alchimie secrète et éprouvée lors de sa révélation par la lumière, à la surface d'une préparation gélatineuse.

Le tirage s'effectue sur un papier gravure *Hahnemühle* qui est enduit d'une gélatine sensible à la lumière.

Pigmentée lors de son développement, l'image révélée de cette préparation hasardeuse nous évoque, à la fois la fluidité et la présence des ciels tourmentés d'un *Turner*, ou la violence libérée des teintes aquarellées présentes dans l'œuvre érotique d'*Hans Bellmer*. L'image produite est dominée dans son ensemble par un sentiment de théâtralité qui n'est dû qu'à l'implication spontanée de la technique guidée par le plasticien-photographe. Pour percer son mystère, c'est aux frontières de l'inconscient qu'il faut rechercher.

La mise en scène graphique autour du corps, et de ses nombreuses thématiques, s'offre au regard par une démonstration provocatrice et d'autant plus déconcertante. Le sujet traité est implanté au centre d'un territoire à secrets, instable par son expressivité. La composition, dans sa frontalité, nous fait ressentir l'idée d'un désir mais plus encore d'une répulsion. Les images que le photographe sélectionne et qu'il traite par *altotype*, nous livrent aussi, par un jeu subtil, les couleurs et les contrastes qui perdureront dans un espace qui s'adonne avec ardeur à une réflexion métaphysique. Entre séduction et interrogation, les nus d'*Alfons Alt* ne peuvent que nous émouvoir. Ils nous replongent au cœur d'une actualité régie par un voyeurisme en dérive où s'exploite l'horreur au vue de l'humanité. Ses sentiments hétérogènes, qui s'immiscent intuitivement dans ses diverses compositions, nous livrent aussi des espaces où les effets matiéristes inspirent la souillure. L'illusion donnée d'une claustration du corps enserré par la couleur, dans l'instant figé, se révèle sous une forme métamorphosable où le portrait déshabillé semble vivre sous hypnose et dans une évaporation constante. Le modèle soutenu par l'espace, se contraint à une dérive fusionnelle. Entre séduction et interrogation, les nus d'*Alfons Alt* ne peuvent qu'illustrer l'humeur perçue du monde actuel, un univers brutal, déshumanisé et noyé dans les larmes de la désillusion et de la solitude. Par une ironie teintée d'humour, parfois dans les séries, s'improvise un sujet inspiré d'un romantisme rocambolesque qui appartient au vingt-et-unième siècle et que l'on peut surprendre par exemple dans le portrait intitulé *Céline en Cranach*. C'est bien dans cette mise en scène actionnelle qu'*Alfons Alt* nous révèle son esprit et toute l'expressivité issue de son expérimentation. Dans ce tableau qui fait référence à *Vénus*, peinte par *Cranach*, ressurgissent nos contradictions autour du désir et de la sexualité qui s'éprouvent avec violence aux portes de notre civilisation. *Céline* la comédienne qui se prête à ce portrait, dénudée sur son piédestal de bric et de broc, dans son corps voluptueux et charnel semble s'offrir aux feux d'une action à tiroir, ou contrainte à bien se prêter à un marchandage guidé par un regard invisible respirant la perversité. Les images qui nous touchent par leur gravité, nous renforcent plus encore sur nos certitudes à l'égard de nos sociétés qui s'effondrent au détriment de la nature des choses, là dans l'effondrement, au *Cœur fidèle tout sera accordé* !

Frédéric Ballester
Directeur du Centre d'Art La Malmaison

Alfons Alt
EINSTÜRZENDE GEWISSHEITEN

Auf den ersten Blick und bei Lichtaussetzung gehört die Aktfotografie zur Geschichte der Erotik. Der bildende Fotograf *Alfons Alt* improvisiert anhand seiner vielseitigen und abwechslungsreichen Vorgehensweise mit den verschiedensten Themen den Akt, der die einzige menschliche Anwesenheit in einem durch Fantasielandschaften getragenen Werk darstellt. Diese alternative Schaffung, die die Darstellung des Körpers betrifft, bleibt tief in einer üppigen Kreation vergraben, in der die unzähligen aus Mutter Natur geschöpften Themen verborgen sind.

Das facettenreiche Repertoire von *Alfons Alt* umfasst teilweise Bilder, die sich von Stadtlandschaften inspirieren, wie die Themen, die sich auf die Baustile der Metropolen beziehen und deren Bilder derweilen melancholisch die Nüchternheit der großen Ballungsgebiete hinaus schreien. In den letzten Jahren wird diese ergreifende Schaffung von der Studie nostalgischer Landschaften begleitet, die sich insbesondere auf seine Kindheit in Bayern beziehen. Dafür konzentrieren sich sein Blick und seine Ausdruckskraft unentwegt, um die vielfältige von Mutter Natur geschenkte Pracht fest zu halten, und dies in Form der Pflanzen- aber auch der von ihm leidenschaftlich geschätzten Tierwelt, und nach dem Beispiel der Menschen, für die er sich verantwortlich fühlt, für die Zukunft des Planeten. Im Laufe der Zeit hat der Fotograf ein überraschendes Tierbuch gestaltet, das heute die zahlreichen Arten, die er besonders schätzt und um deren Schutz er sich sorgt, versammelt. Sein Abenteuer betrifft wilde aussterbende Tiere, und große Reptilien, Wölfe, afrikanische Elefanten, aber auch Haustiere, wie Schweine und Pferde, die er in seinen in der Art eines Ethnologen und in metaphorischer Form organisierten Werken gewagt mit dem Menschen verbindet. *Alfons Alt* unterscheidet sich des Weiteren durch seinen scharfsinnigen und aufgeklärten Blick auf die Unterwasserfauna und ganz Besonders durch seine Betrachtung der atmosphärischen Themen, die eine unerreichte kreative Kraft ausstrahlen.

Anhand eines überraschungsfähigen fast übernatürlichen Geistes verbirgt jedes enthüllte Bild eine geheimnisvolle Geschichte exotischer Landstriche, in denen uns Flora und Fauna von den Tropen erzählen. Um die Werke besser zu verstehen, müssen wir akzeptieren, dass unser erzählender Illustrator in der Übertragung ein ausgemachter und leidenschaftlicher Reisender ist.

Bei *Alfons Alt* befreit sich die Darstellung des weiblichen Körpers oder des Aktporträts im Werk durch eine Problematik der Gesamtheit und der Serien mit dem Titel *Corpus*. Das im Zimmer eingefangene Modell verschafft eine umweltrelevante Momentaufnahme. Das Modell offenbart sich grafisch auf dem Fotopapier durch eine Fotografietechnik, die aus Zufall und geheimer Alchimie entsteht und bei der

Enthüllung durch das Licht an der Oberfläche eines gelatinösen Präparates empfunden wird.

Der Abzug erfolgt auf einem kupferdruckpapier *Hahnemühle*, das mit einer lichtempfindlichen Gelatine bestrichen wird. Das bei seiner Entwicklung pigmentierte und durch diese willkürliche Zubereitung enthüllte Bild erinnert uns gleichzeitig an die Flüssigkeit und die Anwesenheit der stürmischen Himmel von *Turner* und an die befreite Ungezügeltheit der Aquarelltöne im erotischen Werk von *Hans Bellmer*. Das erzeugte Bild wird in seiner Gesamtheit durch ein theatralisches Gefühl beherrscht, was eine spontane Folge der vom plastischen Fotografen angewandten Technik ist. Um sein Geheimnis zu lüften, sind es die Grenzen des Unterbewusstseins, die zu durchforschen sind.

Die grafische Inszenierung rund um den Körper und seine unzähligen Themen bieten sich dem Auge durch eine provokante und umso mehr verwirrende Veranschaulichung. Das behandelte Thema ist im Zentrum eines geheimnisvollen Lebensraumes verwurzelt, das durch seine Ausdruckskraft unbeständig ist. Anhand ihrer Frontalität vermittelt uns die Gestaltung die Idee eines Verlangens aber noch mehr einer Abneigung. Die vom Fotografen ausgewählten und per *altotype* bearbeiteten Bilder verleihen uns durch ein spitzfindiges Spiel ebenfalls die Farben und Kontraste, die in einem Raum, der sich einer metaphysischen Reflexion mit Inbrunst hingibt, fortbestehen werden. Zwischen Verführung und Hinterfragung können uns die Akte von *Alfons Alt* einfach nur rühren. Sie versetzen uns ins Herz des Zeitgeschehens, das durch einen abdriftenden Voyeurismus bestimmt wird und in dem sich das Grauen ohne Wissen der Menschheit einen Weg bahnt. Seine verschiedenartigen Gefühle, die sich intuitiv in seine diversen Darstellungen einmischen, liefern uns auch Räume, in denen die materiellen Effekte den Makel inspirieren. Die im fest gehaltenen Augenblick gegebene Illusion einer farbumschlossenen Abgeschiedenheit des Körpers offenbart sich in veränderbarer Form, in der das Aktporträt unter Hypnose und in einer andauernden Verdunstung zu leben scheint. Das vom Raum unterstützte Modell ist zu einem fusionellen Abdriften gezwungen. Zwischen Verführung und Hinterfragung können *Alfons Alts* Akte nur die wahrgenommene Laune der aktuellen Welt illustrieren, ein schonungsloses und entmenschlichtes Universum, das in den Tränen der Enttäuschung und Einsamkeit ertrinkt.

Anhand einer humorgefärbten Ironie improvisiert sich derweilen in den Serien ein Thema, das von einer fantastischen Romantik des einundzwanzigsten Jahrhunderts inspiriert ist, und das beispielsweise im Porträt *Céline en Cranach* zu entdecken ist. In dieser aktionsreichen Inszenierung offenbart uns *Alfons Alt* seinen Geist und seine ganze aus den Experimenten hervorgehende Ausdruckskraft. Dieses Bild, das sich auf die *Venus* des Künstlers *Cranach* bezieht, enthüllt unsere Widersprüche um Verlangen und Sexualität, die grausam an den Toren unserer Zivilisation empfunden werden. Die Schauspielerin *Céline*, die sich für dieses entblößte Porträt auf ihrem Trödelgestell hingibt, scheint sich mit ihrem sinnlichen und fleischlichen Körper dem Feuer einer szenenreichen Aktion hinzugeben, oder gezwungen zu sein, sich auf einen Handel einzulassen, der durch einen unsichtbaren Niedertracht ausstrahlenden Blick geleitet wird. Die Bilder, die uns durch Ihren Ernst berühren, bestärken uns noch mehr in unsere Gewissheit über unsere Gesellschaft, die zum Nachteil der Natur der Dinge zusammenfällt. Hier im Zerfall *Cœur fidèle tout sera accordé [wird dem treuen Herzen alles gewährt]* !

Frédéric Ballester
Direktor des Kunstzentrums La Malmaison

Alfons Alt
THE COLLAPSE OF CERTITUDES

At first sight, the photographic nude belongs to the history of eroticism. With photographer-visual artist *Alfons Alt*, however, in the context of his different approaches and range of subjects, the nude is an improvisation representing the sole human presence in work dominated by imaginary landscapes. This "other facet" of his output relating to the representation of the body remains buried away in his creations where the wealth of his subjects taken from nature find their ultimate haven.

The vast repertoire of *Alfons Alt* consists in part of images inspired by the urban landscape too, such as those subjects referring to the architecture of the world's great metropolises; in some cases, the image is a melancholy cry proclaiming the austerity of major city centres. This moving part of his work has been accompanied in recent years by nostalgic landscape studies harking back to his childhood in Bavaria. But nature has remained a constant in his work; he has steadily turned his artist's eye and expressive means to capturing the diversity of its multiple treasures, not only those of the mineral world but also those from the animal one, a subject he's passionately interested in, like his fellow-men on whose behalf he assumes responsibility for the future of the planet. Over the years, he has constituted a surprising and wide-ranging photographic bestiary, so that by now it includes all the species he's particularly fond of whose long-term preservation he fears for. He focuses on the wild animals already threatened with extinction, as well as large reptiles, wolves, African elephants and domestic animals too, including the pig and the horse, that he dares to associate with Man in these works organised in ethnological manner in the form of metaphors. *Alfons Alt* is also noted for his subtle and insightful view of the submarine animal world, and even more for his views of strangely isolated creatures, the epitome, as it were, of his unusually expressive and forceful creativity.

His pictures are surprising in spirit and nature in a way that borders on the supernatural. Each reveals and recounts a mysterious story of exotic lands with flora and fauna indicating the Tropics. To enter more deeply into the work of this artist, we have to accept his role as a teller of tales and an illustrator, an ardent traveller, a man of perpetual wanderlust given to reporting what he sees.

With *Alfons Alt*, the representation of the female body, the nude portrait, is a pole of liberation in his work through the overall issues it raises, and in particular in the series called *Corpus*. The model-subject, taken with a box camera, offers a "snapshot" conceived with relation to its environment. Graphically, the model is revealed by the artist's use of light-sensitive paper and a hazardous photographic technique used with a secret alchemy, revealed the moment the image appears on the surface of a gelatinous preparation.

His prints are done on *Hahnemühle* etching paper covered with a light-sensitive gelatine. When pigments appear during development, the image thus revealed by this chance preparation evokes both fluidity and the tormented swirls of a *Turner*-like sky or the unfettered violence of the watercolour-like tints in *Hans Bellmer*'s erotic work. Some sort of theatrical feeling reigns overall, due to the implied spontaneity of the technique, guided nevertheless by the artist-photographer. To enter the mystery further, we would have to penetrate the artist's unconscious.

The way the body is "set" as though on stage in all his numerous themes that include it, is demonstratively provocative, which adds to the disconcerting nature of the subject. Planted in the centre of a terrain mined with mysterious secrets, its expressive pose hints at instability. Yet as a frontal composition it makes us feel a certain desire and even more, a certain repulsion. The images selected by the photographer that he describes as *alotypes* also reveal a subtle play between lasting colours and contrasts in a space inviting and proposing fierce metaphysical reflection. Between seduction and questioning, *Alfons Alt*'s nudes cannot fail to move the viewer as they plunge us into the heart of modern-day preoccupations, charted by unleashed voyeurism, where horror is being exploited as humanity looks on. The artist's mixed feelings, expressed intuitively in all his works, also produce material effects marking what seems to be the stain of sin – hence the illusion of a body confined, closed in by tight colour, instantaneously immobilised, yet capable of metamorphosis, so that a nude portrait will appear as someone hypnotised, forever evaporating into thin air… The model suspended in space is forced into fusional excess. Poised thus between seduction and interrogation, *Alfons Alt*'s nudes are there to illustrate the current climate of the world as the artist perceives it – a brutal universe, stripped of human values and drowned in the tears of disillusion and solitude. Clothed in irony tinged with humour, an improvised subject sometimes crops up in the series, inspired by the fantastic romanticism typical of the twenty-first century; an example here would be the portrait *Céline en Cranach*. In this setting full of action, *Alfons Alt* reveals the force of his intelligence and talented expressiveness acquired through experimentation. The picture refers to *Cranach*'s *Venus*; in Alt's version, all our contradictions about desire and sexuality surge violently forth at the gates of our own civilisation. The actress *Céline*, the model for this portrait, poses nude on an improvised pedestal; with her voluptuously sensual body, she seems to be either yielding to the fires of some episodic action or under constraint to submit to some act of commerce instigated by unseen eyes that speak of perversity… The gravity of the images touches us and reinforces our certitudes about what is happening to society in its current state of collapse where the true nature of things will inevitably be harmed, there in the fall where *Cœur fidèle tout sera accordé [All will be granted to a heart that is true]* !

Frédéric Ballester
Director of La Malmaison Art Centre

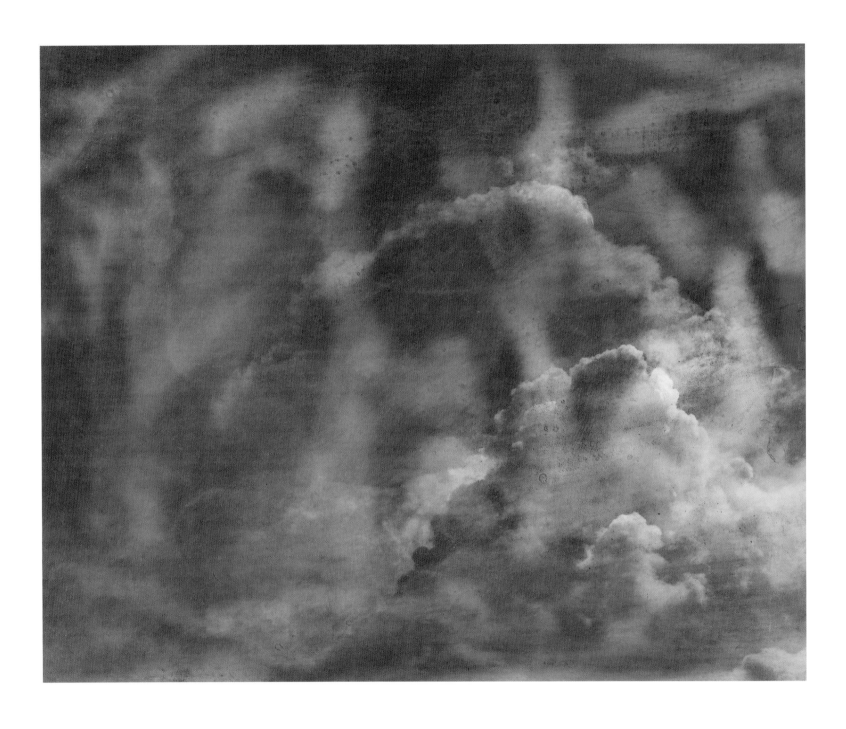

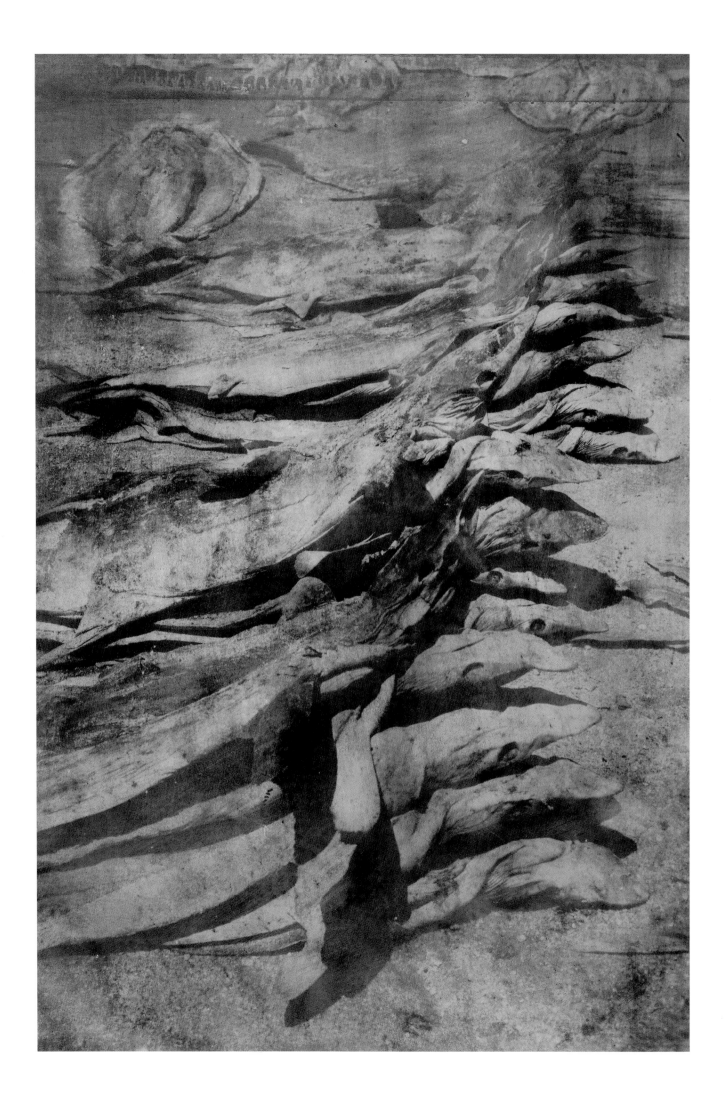

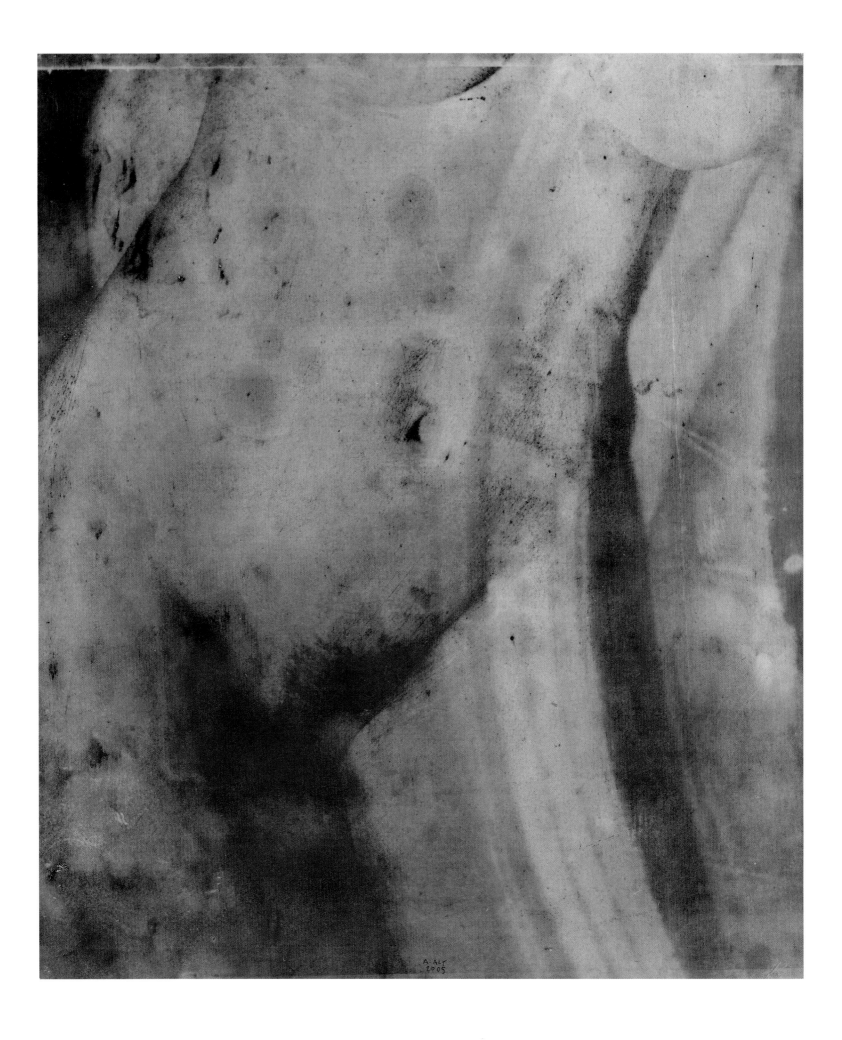

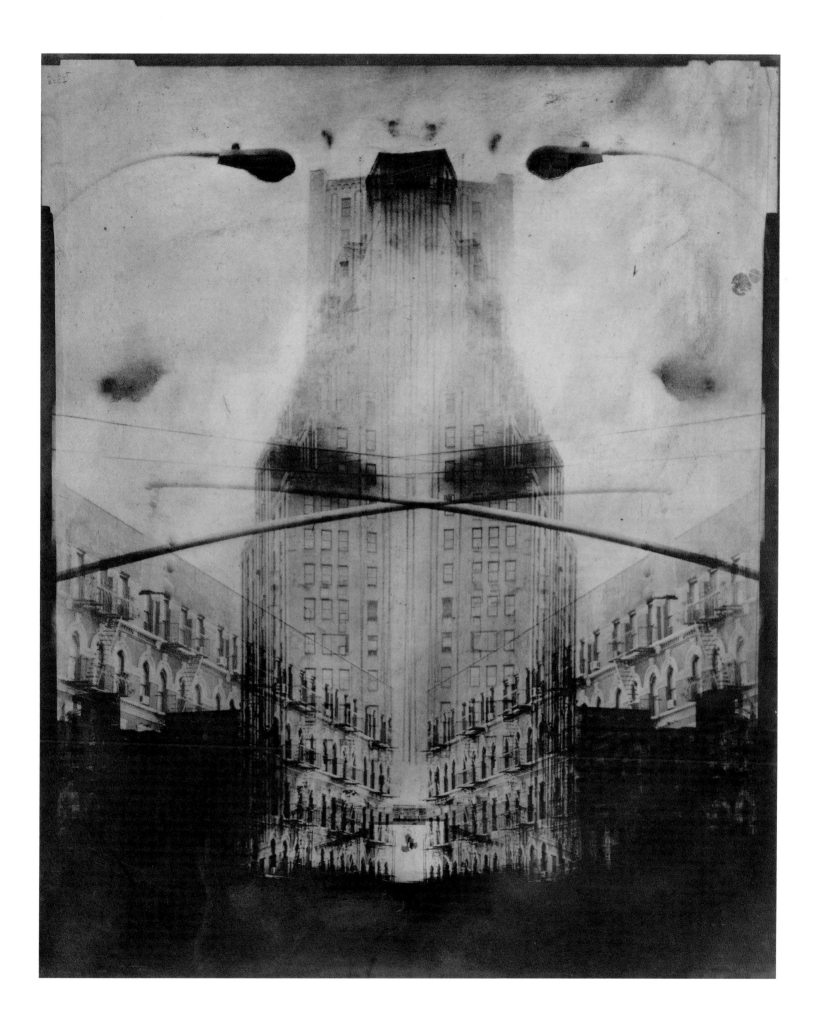

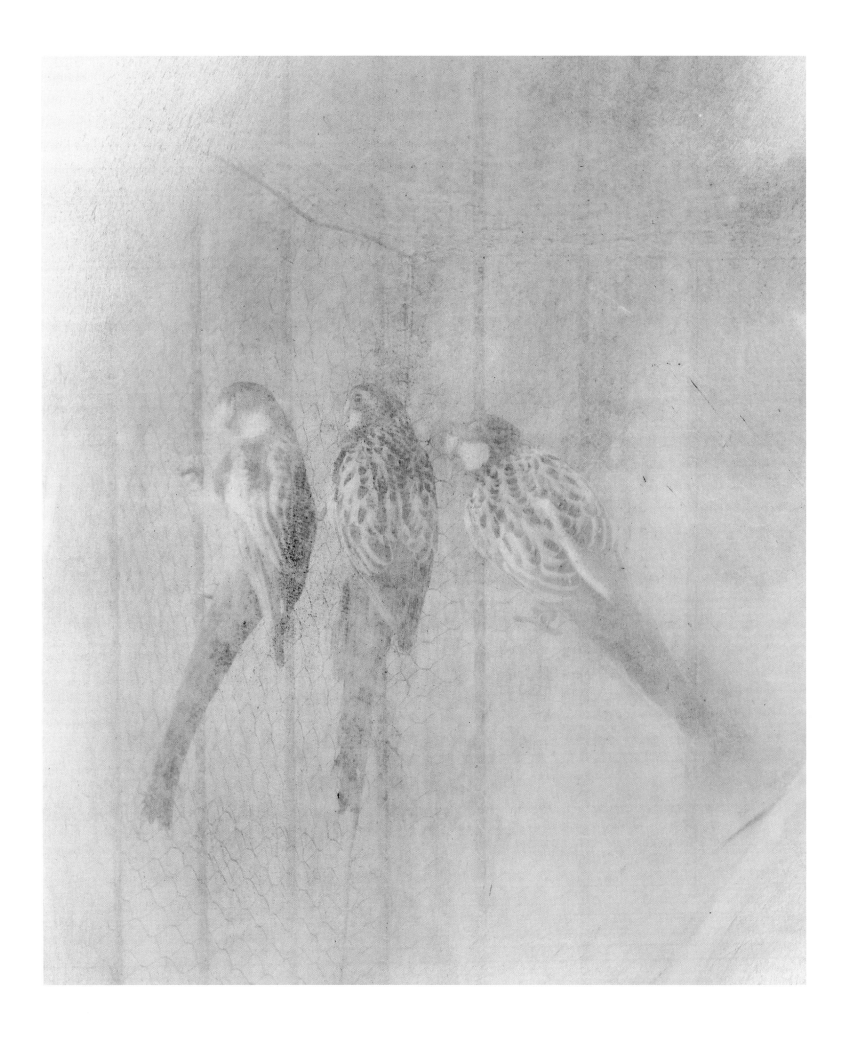

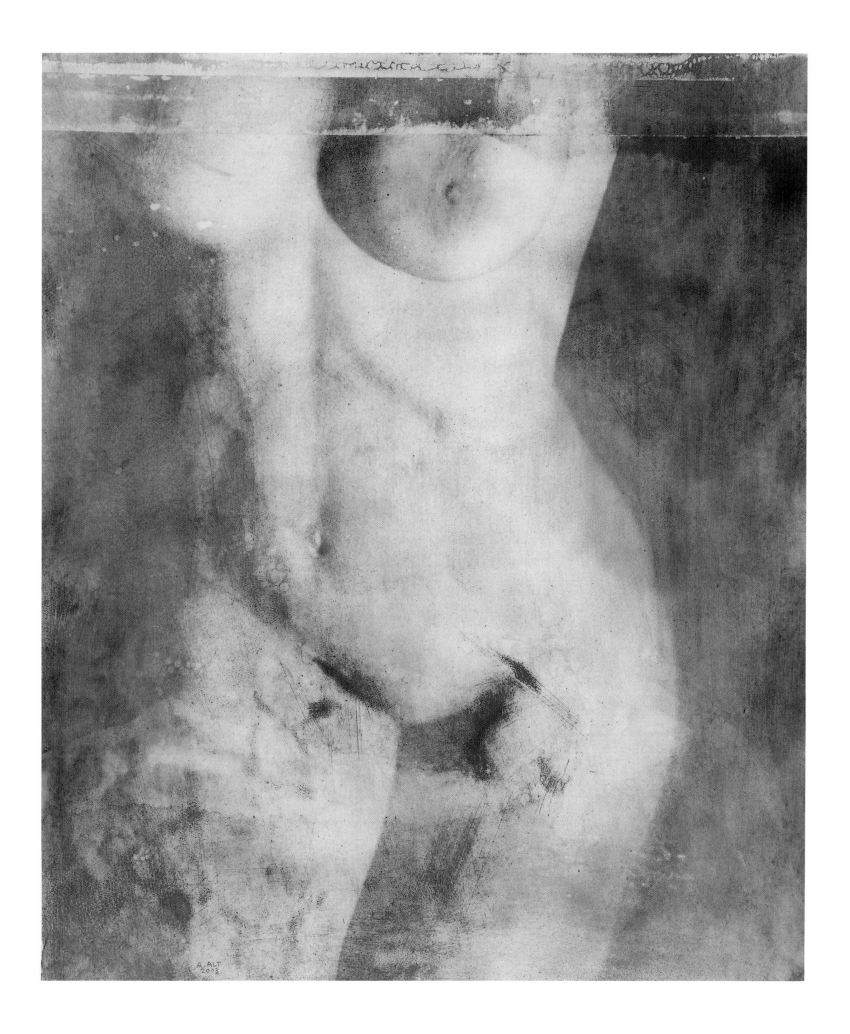

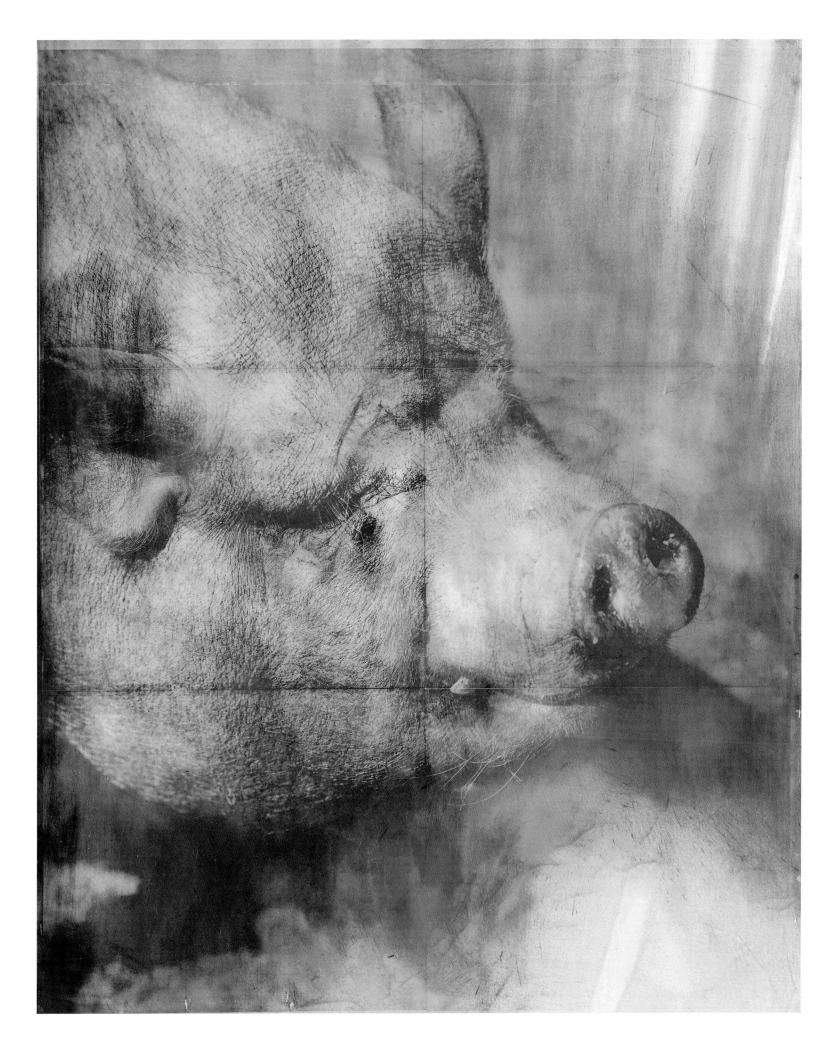

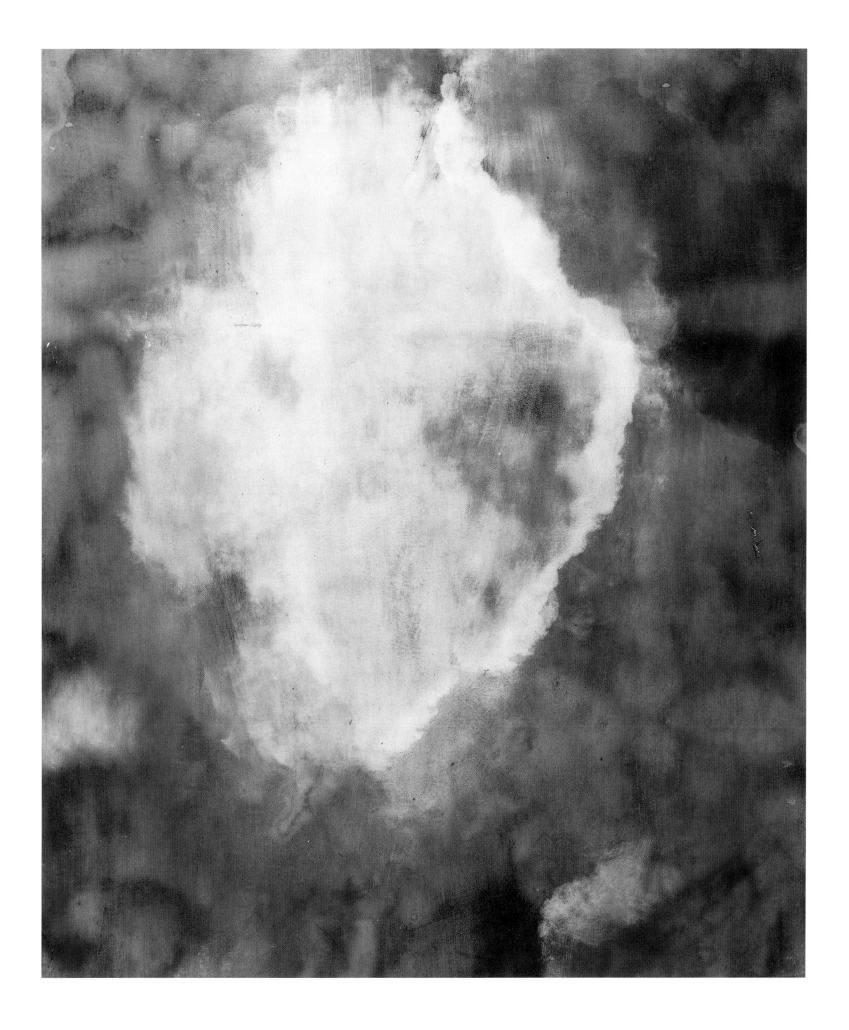

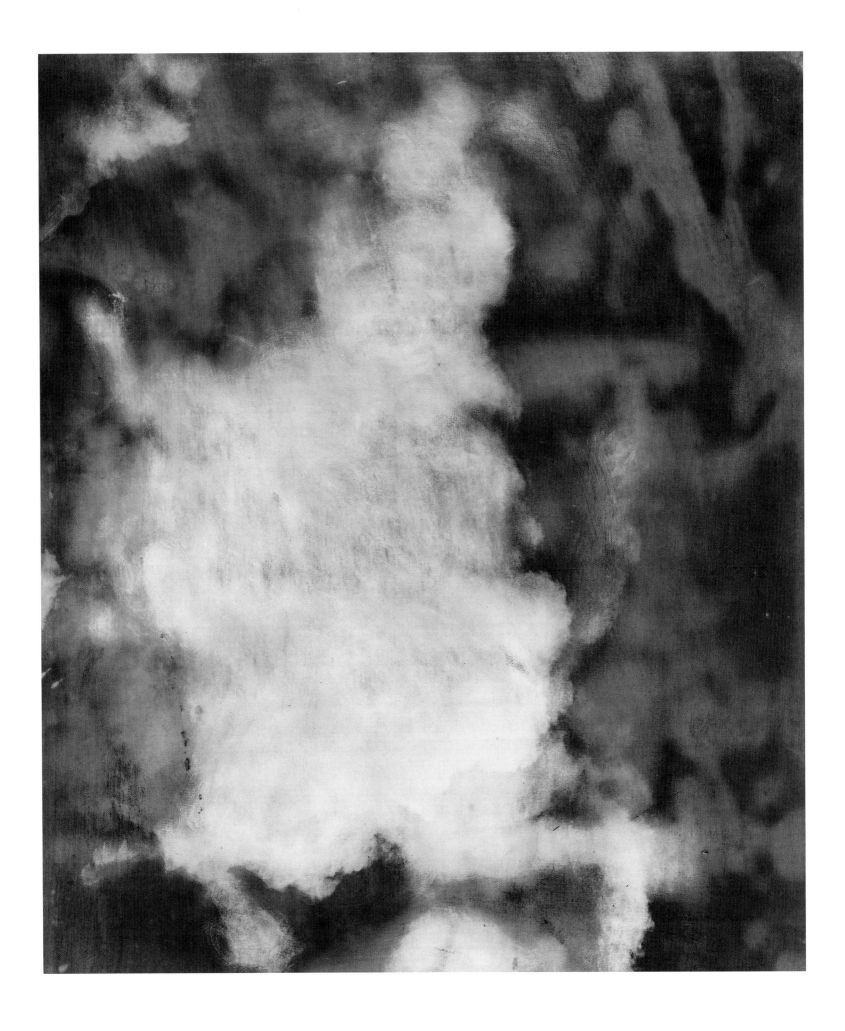

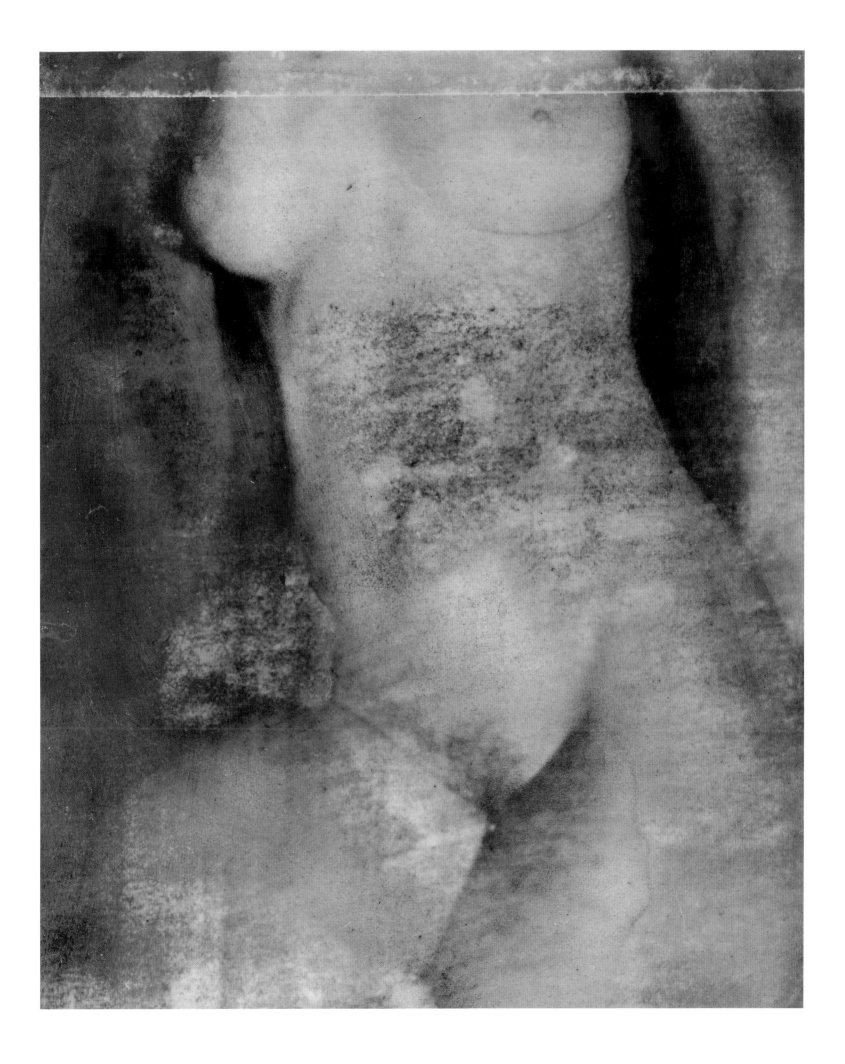

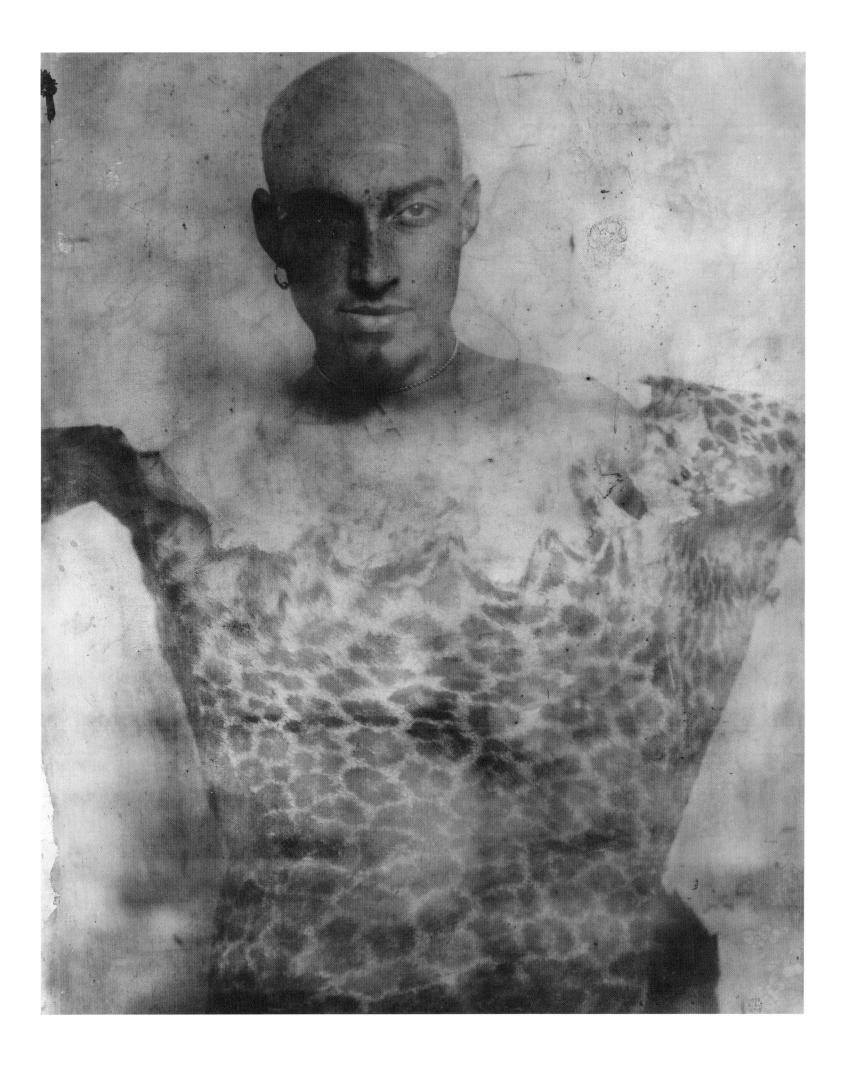

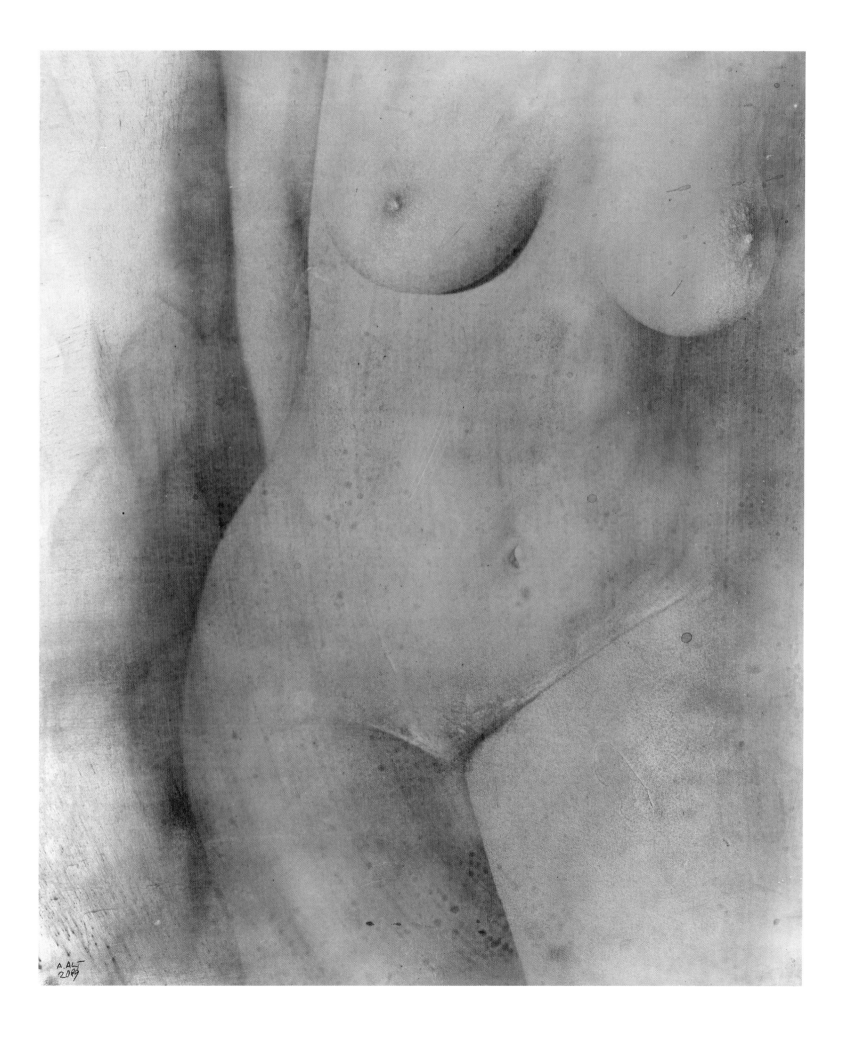

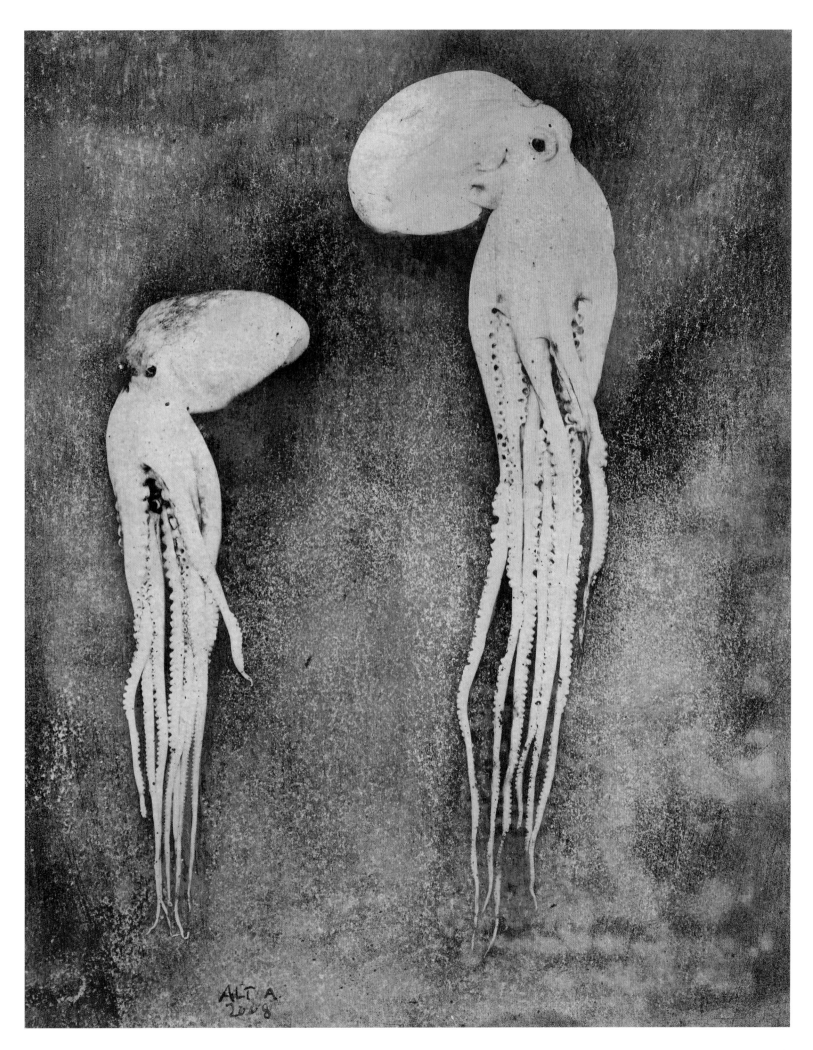

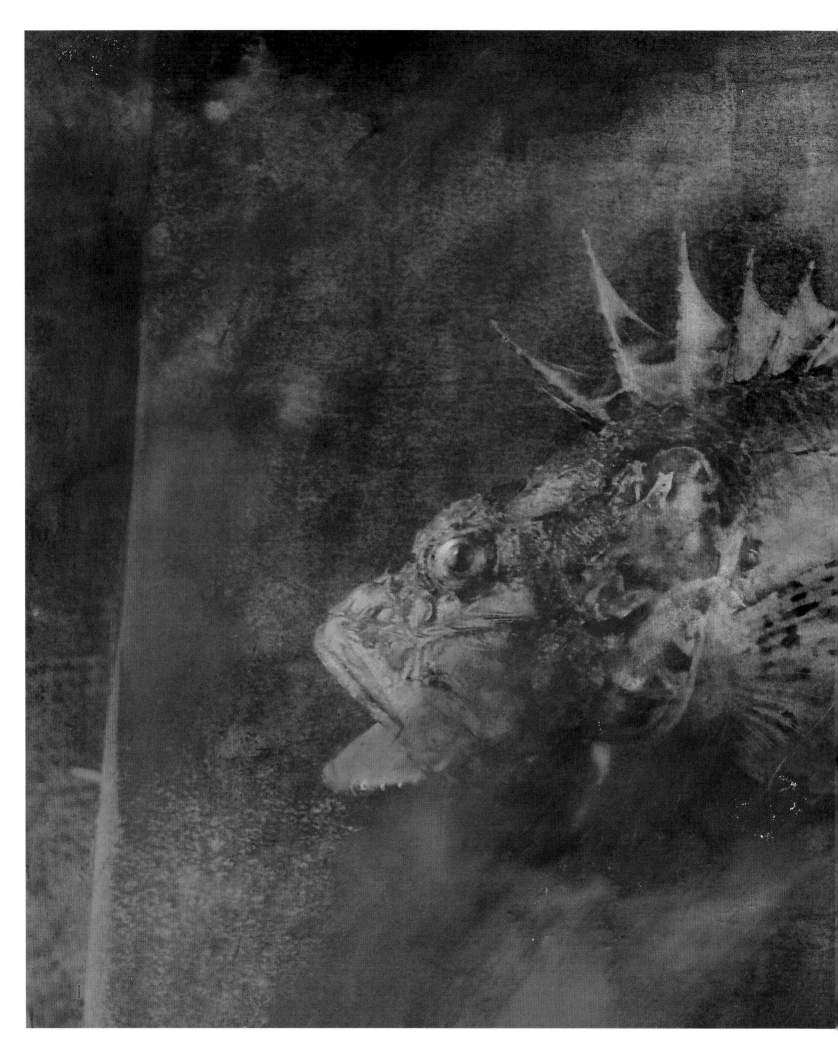

Liste des œuvres

Alfons Alt

Alfons Alt se définit comme un « altopytste » c'est-à-dire comme un « art-faber » de l'image, « l'altotype » étant un espace où la photographie rencontre les matières (papier, pigments, bois, cuir...). Il est né le 29 septembre 1962 à Illertissen (Bavière) d'une lignée séculaire d'artisans ébénistes. Il s'installe en France en 1985 et travaille comme photographe indépendant. Il se forme aux procédés anciens chez Jean-Pierre et Claudine Sudre puis chez Jordi Guillumet à Barcelone. À partir de 1993 il installe et met au point à Marseille un atelier expérimental sur les procédés alternatifs à la Friche de la Belle de Mai (Marseille). À partir de 1988 il réalise de nombreuses expositions collectives et personnelles en France (Arles, Rennes, Marseille, Martigues, Verdun, Avignon, Lille, Paris), et à l'étranger (Yémen, Espagne, Portugal, Egypte, Allemagne, Belgique). Il publie plusieurs ouvrages sur Zingaro et des livres d'artistes aux éditions de la Galerie Marina ainsi que *Bestiaire* (1999), puis *Bestiae* (2000) et *La Voie de l'écuyer* (2008) aux éditions Actes Sud. En 2000, il reçoit l'European Publisher's Award for Photography.

Il publie également aux Éditions Images En Manœuvres, *5 ou le taureau et les cardinaux* en 2000 puis *Altitude* -dont le texte est signé Emmanuel Loi- en 2007. Nombre de ses œuvres ont été acquises par des institutions (FRAC Basse Normandie, Centre Mondial de la Paix à Verdun, Musée Ziem, Musée d'Aurillac etc.), des entreprises (Dexia, Collection Polaroïd etc.) et des collectionneurs.

Bibliographie

« **Effondrement des certitudes** »,
œuvres Alfons Alt, texte Frédéric Ballester
Éditions Images en Manœuvres, 2009

« **Zingaro, 25 ans** »
Éditions Actes Sud, 2009

« **La Voie de l'écuyer** »,
photographies Alfons Alt, Sophie Nauleau
Éditions Actes Sud, 2008

« **Altitude** »,
œuvres Alfons Alt, textes Emmanuel Loi
Éditions Images en Manœuvres, 2007

« **5 ou le taureau et les cardinaux** »,
photographies Alfons Alt,
sculptures Nicko Rubinstein
Éditions Images en Manœuvres, 2000

« **Bestiae** »,
Alfons Alt, Sophie Biass-Fabiani, Sally Bonn
Éditions Actes Sud, 2000

« **La Ballade Zingaro** »,
Françoise Gründ, Antoine Poupel, Alfons Alt
Éditions du Chêne, 2000

« **Bestiaire** »,
images et textes Alfons Alt
Éditions Actes Sud, 1999

« **Villages en Provence** »,
Hélène Ratyé-Chorémi, Alfons Alt
Éditions Équinoxe, 1992

« **Gonn Mosny** »,
Mark Gisbourne
Éditions Kohlhammer, 1989

« **Zingaro, un théâtre pour des chevaux** »,
Olivier Kaeppelin, Alfons Alt
Éditions First, 1990

« **Zingaro, des chevaux et des hommes** »,
Alfons Alt, Jean-Michel Ribes
Éditions Favre, 1989

« **Zingaro** »,
Alfons Alt, Colette Godard
Éditions Favre, 1988

Remerciements

Monsieur Bernard Brochand, Député-Maire de Cannes et le conseil municipal tiennent à remercier tout particulièrement :

Alfons Alt, les Éditions Images en Manœuvres et Sandrine Mons

L'exposition **Alfons Alt, Effondrement des certitudes** est placée sous le haut patronage de Monsieur Bernard Brochand Député-Maire de Cannes et de Monsieur Eric Harson Adjoint délégué à Culture

Directeur des Affaires Culturelles
René Corbier

Directeur du Centre d'Art La Malmaison
Frédéric Ballester, commissaire

Suivi du projet
Yvette Roll assistée de Nathalie Hugon, Marianne Aguilar, Joëlle Lopinto, Nadine Piva, Naoual El Assaoui

Médiation
Fadoua Mas

Presse communication
Hélène Fincker

Régie
Abderrazak Salouh, Olivier Calvel

Scénographie
Frédéric Ballester
assisté d'Abderrazak Salouh,
Olivier Calvel,

Crédits photographiques
Claude Germain

Corrections
Sophie Linou

Transporteur
Leon Aget

Encadrement
Atelier Suffren

Merci à François Ville pour toute son assistance Technique.

Merci à Philippe Français qui s'occupe de ma Communication.

Merci à Sam et Daniel Assedo qui m'aident à maintenir ma Production.

Merci à Katia Basle et Valerie Luquet du CICRP pour la restauration de *Saturnal*.

Merci à Joachim Rothacker et sa présence allemande.

Merci à Madeleine Aubert, toujours près de moi.

... et encore Merci à Jacques Bastide pour sa fidélité en Amitié.

Alfons Alt tient à remercier Christiane Celle, Clicgallery (New York), Rodolphe de Spoelberch, Arthus Gallery (Bruxelles), Jean François Servigne, Les Meubliers (Marseille) et Sandrine Mons, galerie d'art Moderne et Contemporain (Nice).

Images En Manœuvres Éditions

14, rue des Trois Frères Barthélemy I 13006 Marseille I France

Tél. : +33 (0)4 91 92 15 30 I Fax : +33 (0)4 91 42 97 58

contact@iemeditions.com – www.iemeditions.com

Direction artistique et coordination éditoriale : André Frère et Arnaud Bizalion

Maquette : Judith Dossemont et Lise Corriol I Design In Situ I Marseille

Photographies : Claude Germain

Traduction anglais : Delia Morris

Traduction allemand : Agnès Heisler

Impression : Delta Color I Nîmes I France

Achevé d'imprimer en novembre 2009

Dépôt légal : novembre 2009

Diffusion – distribution : Pollen

ISBN : 978-2-8499-5167-5